ANALIZA KSIĄŻKI

AF131738

Jacques Fatalista

. . . .

DENIS DIDEROT

ANALIZA KSIĄŻKI

Napisany przez Marine Riguet
Przetłumaczony przez Kâmil Kowalski

Jacques Fatalista

. . . .

Denis Diderot

DENIS DIDEROT

FRANCUSKI PISARZ, FILOZOF I REDAKTOR ENCYKLOPEDII

- **Urodził się w Langres (Francja) w 1713 roku.**

- **Zmarł w Paryżu w 1784 roku.**

- **Godne uwagi prace:**

  - *Dodatek do podróży Bougainville'a* (1796), powiastka filozoficzna

  - *Paradoks aktora* (1830), esej

  - *Bratanek Rameau* (1891), dialog

Denis Diderot był powieściopisarzem, dramaturgiem, krytykiem sztuki i jednym z najwybitniejszych myślicieli XVIII-wiecznego Oświecenia. Był zagorzałym zwolennikiem wolności, za zdeklarowany ateizm i wiarę w materializm spędził cztery miesiące w więzieniu w Vincennes. Wraz z Le Long d'Alembert (1717-1783) przystąpił do stworzenia encyklopedii. Pomimo wyzwań cenzury encyklopedia była jednym z największych osiągnięć Oświecenia. Oprócz tego monumentalnego dzieła Diderot napisał wiele innych tekstów i został doceniony za swoje pisma o teatrze i estetyce, refleksje moralne i liczne dialogi filozoficzne.

JACQUES FATALISTA

FILOZOFICZNA REFLEKSJA NAD FATALIZMEM

- **Gatunek:** powieść

- **Wydanie referencyjne:** Diderot, D. (2006) *Jacques the Fatalist*. Trans. Henry, M. London: Penguin.

- **[1] wydanie:** 1796

- **Tematy:** fatalizm, przeznaczenie, podróż, miłość, wolność

Diderot zaczął pisać *Jacques the Fatalist and His Master* w 1771 roku, a początkowo została ona opublikowana w formie seryjnej w czasopiśmie *La Correspondance littéraire w* latach 1778-1780. Jak przyznał sam Diderot, powieść była inspirowana *Życiem i opiniami Tristrama Shandy'ego,* dżentelmena (1759) brytyjskiego pisarza Laurence'a Sterne'a (1713-1768).

Ta powieść opowiada o podróży Jacquesa i jego pana, o której wiemy bardzo niewiele. Nigdzie nie podróżują, po drodze dyskutując na różne tematy, dając czytelnikom wgląd w ich przekonania filozoficzne i niejasne relacje między nimi.

Powieść ma złożoną strukturę, a jej narracja jest często niepokojąca. Z krytycznego punktu widzenia jest to jedno z najszerzej dyskutowanych dzieł literatury francuskiej, które nawet dziś nie daje się sprowadzić do jednej, ostatecznej interpretacji.

PODSUMOWANIE

PIERWSZY DZIEŃ

Już od pierwszych linijek powieści narrator myli oczekiwania czytelnika, nie potrafiąc jasno przedstawić bohaterów i ich sytuacji: "Jak się poznali? Przez przypadek, jak wszyscy. Jak się nazywali? Co to ma wspólnego z tobą? Skąd pochodzili? Z najbliższego miejsca. Dokąd zmierzali? Czy ktoś kiedykolwiek naprawdę wie, dokąd zmierza?".

Wiemy tylko, że ulicą spacerują dwie postacie: Jacques i jego pan. Jacques wyjaśnia doktrynę fatalizmu, której nauczył się od kapitana armii. Jacques ilustruje tę doktrynę przykładami z własnego życia, od dnia, w którym opuścił rodzinny dom, aż po kontuzję kolana odniesioną w bitwie pod Fontenoy w 1745 roku. W miarę rozwoju historii zapada noc i dwaj podróżnicy śpią pod gwiazdami.

DRUGI DZIEŃ

Jacques zaczyna od miejsca, w którym przerwał, i omawia ze swoim panem ból związany z kontuzją kolana. Spotykają chirurga, który przypadkowo upuszcza towarzysza podróży z konia, próbując nawiązać rozmowę. Jacques znów się odzywa, a on i jego mistrz zastanawiają się nad odpowiedzialnością ludzkości w świecie rządzonym przez los.

Dwaj podróżnicy zostają na noc w gospodzie pełnej bandytów; Jacques zamyka ich w pokojach i zabiera ubrania, aby on i jego pan mogli spać w spokoju.

TRZECI DZIEŃ

Kiedy następnego ranka opuszczają gospodę, Jacques zabiera klucze do wszystkich pokoi, aby uwięzieni na noc bandyci nie mogli ich wyśledzić. Jego pan uważa, że jest to sprzeczne z jego fatalistycznymi poglądami. Wszelkie środki ostrożności są ostatecznie daremne, ponieważ każdy podlega wszechmocnemu losowi.

Ich dyskusję przerywa przybycie wojsk, ale narrator nie chce powiedzieć więcej na ten temat: "To jasne, że nie piszę powieści, ponieważ ignoruję to, czego pisarzowi nie wolno przegapić." Pokażę ci, jak zabandażować ranę. Następnie kłóci się ze swoim panem o cnoty kobiet. Obaj bohaterowie spędzają noc w zamku.

CZWARTY DZIEŃ

Po ich wyjeździe Jacques wraca po swoją sakiewkę i zegarek pana, który zostawili. Wścieka się na handlarza, który znalazł zegarek przed nim i chce mu go odsprzedać. Jacques zostaje uznany za złodzieja, ma związane ręce i zostaje zaprowadzony do porucznika policji, który okazuje się być właścicielem zamku, w którym właśnie spędził noc. Porucznik rozładowuje sytuację, ale po powrocie do swojego pana, Jacques orientuje się, że jego koń zniknął.

W dygresji od głównej narracji narrator wyśmiewa złe powieści i złych powieściopisarzy, którzy polegają na daleko posuniętych epizodach i zwrotach akcji. Przeciwstawia autorów, których uważa za pozbawionych talentu, takich jak Abbé Prévost (pisarz francuski, 1697-1763), który w powieści *Cleveland* (1732-1739) pisał o nieprawdopodobnych przygodach fikcyjnego nieślubnego syna Olivera Cromwella, z pisarzami genialnymi, którzy mają dar wyrażania prawdy, czyli Molierem (dramaturg francuski, 1622-1673), Samuelem Richardsonem (pisarz angielski, 1689-1761) i Jean-François Régnardem (francuski poeta komiczny, 1655-1709).

Kondukt pogrzebowy mija obu mężczyzn, a Jacques wydaje się, że rozpoznaje swój herb kapitański, co go zasmuca. Jednak procesja mija ich ponownie, co sugeruje, że w rzeczywistości są one używane jako kamuflaż dla przemytników i innych złoczyńców. Historia mężczyzny o imieniu Goose potwierdza jego stwierdzenie. Jacques zostaje strącony z konia i wpada na frontowe drzwi. Jego mieszkańcy przyjmują go do siebie i spędzają noc na opiece nad nim.

PIĄTY DZIEŃ

Pan Jacques kupuje mu nowego konia, a Jacques kontynuuje swoją opowieść, mówiąc swojemu panu, że został u chirurga po operacji kolana. Następnie narrator kończy opowiadać historię Gousse'a.

Goose to ekscentryczna postać, której działania wydają się pozornie bezsensowne. Na przykład pojawia się w sądzie. Więc jeśli wygra, pójdzie do więzienia. Okazuje się jednak, że w jego szaleństwie była metoda.

Podpisał fałszywe upoważnienie do spłaty długu w imieniu swojej pokojówki (i tajemniczej kochanki), chcąc zostawić dla niej żonę, ale nie chciał zostawić jej bez pieniędzy. Ta strategia była zatem mylącym sposobem na odzyskanie bogactwa poprzez kochank

Następnie dwaj podróżnicy udają się do gospody, aby znaleźć żonę karczmarza w wielkim niebezpieczeństwie, ponieważ Nicole została zraniona przez grupę znęcających się gości. Jack i jego pan początkowo myśleli, że Nicole to jej córka, ale okazało się, że to pies. Narrator opowiada historię jednego z przyjaciół Goose'a.

SZÓSTY DZIEŃ

Podnoszący się poziom wody sprawia, że drogi stają się nieprzejezdne, więc Jacques i jego pan spędzają dzień w gospodzie. Wybucha kłótnia między oberżystą a rolnikiem, a rolnik odmawia spłaty długu. Incydent przypomina narratorowi komedię włoskiego aktora, pisarza i reżysera Carla Goldoniego (1707-1793) i sugeruje alternatywne zakończenie sztuki.

Żona karczmarza opowiada Jacques'owi i jego panu długą historię pani de La Pommeraye i markiza des Arcis. Markiz przysiągł, że będzie wierny pani de La Pommeraye, ale kiedy złamał obietnicę, ona obmyśliła plan zemsty. Ponieważ wiedziała, że nieodparcie pociągają go nieosiągalne kobiety, wynajęła prostytutkę, która udawała pobożną młodą kobietę, i w końcu oboje się pobrali. Mme de La Pommeraye dopiero po ślubie powiedziała swojemu byłemu kochankowi prawdę o jego nowej żonie.

SIÓDMY DZIEŃ

Pogoda wciąż jest zbyt zła, by podróżni opuszczali zajazd. Jack mówi swojemu panu, że opuścił Chirurga, aby zamieszkać w zamku, gdzie opiekuje się nim Denise, córka służącego, któremu pomagał w przeszłości. Okazuje się, że jego pan również wcześniej zabiegał o względy Denise, co doprowadziło do kłótni między dwoma mężczyznami. Następnie właściciel zmusza ją do podpisania ugody.

Gdy tylko pogoda się poprawi, obaj podróżnicy wyruszają ponownie w towarzystwie markiza i jego towarzysza.

ÓSMY DZIEŃ

Markiz i jego towarzysz opuszczają ich, więc Jacques i jego pan kontynuują podróż samotnie. Jacques opowiada o swoich pierwszych doświadczeniach seksualnych i mówi swojemu panu, że jego pierwszą kochanką była krawcowa o imieniu Justine, którą dzielił ze swoim przyjacielem (i synem ojca chrzestnego) Bigre. Jacques omawia następnie swoje związki z Suzanne i Marguerite, nie stroniąc przy tym od ryzykownych szczegółów: "Faktem jest, że ja wciąż miałem rękę tam, gdzie ona nie miała nic, a ona miała swoją tam, gdzie to samo nie do końca dotyczyło mnie".

Narrator wtrąca, że rozmowa na ten temat nie jest obsceniczna. Mistrz Jacquesa omawia następnie swoje dawne związki i obaj mężczyźni zatrzymują się w gospodzie.

DZIEWIĄTY DZIEŃ

Narrator przerywa opowieść i mówi, że nie zamierza dawać konwencjonalnego zakończenia, ponieważ nic więcej nie wie o bohaterze. Następnie pisze rodzaj epilogu, proponując trzy możliwe zakończenia historii Jacques i każąc czytelnikowi wybrać to, które najbardziej mu się podoba.

STUDIUM POSTACI

JACQUES I JEGO PAN

Jacques

Imię tytułowego bohatera wskazuje na jego status społeczny, gdyż "Jacques" od średniowiecza było używane jako przezwisko dla chłopów lub służących. Ponadto nazwisko Jacquesa nigdy nie pada, więc wydaje się on nie mieć zindywidualizowanej tożsamości.

Jest nieśmiały, a jego pochodzenie jest niejasne. Wiadomo tylko, że jest całkowicie wolny i pozwala, by kierował nim los. Jest opisywany jako "dobry człowiek, szczery, uczciwy, odważny, lojalny, bardzo uparty, a nawet rozmowny". Nonkonformizm przebija się w jego relacji o młodości i miłości.

Szkoła była autorytarna, a on sam był karany za gadanie, więc jego wykształcenie czerpał z życiowego doświadczenia. Jego życie było wędrowaniem i podróżowaniem, jak bohater XVI-wiecznej hiszpańskiej powieści przygodowej Picaros.

 ## WPŁYW FIKCJI PICARESQUE

Gatunek powieści picaresque powstał w Hiszpanii w [XVI] wieku; najbardziej znane dzieła tego gatunku to **Guzmán de Alfarache** (1599) Mateo Alemán (1547-1614) i **El Buscón** (1626) Francisco de Quevedo (1580-1645). Bohaterowie powieści mogą być określeni jako antybohaterowie i zazwyczaj pochodzą z niższej klasy społecznej, zanim w trakcie swoich przygód wspięli się po drabinie społecznej. Picaresque powieści malować obraz społeczeństwa i każdego miejsca jednostki w nim, i często przedstawiają duchowieństwa, szlachty i klasy średniej. Jednak ten ustalony porządek zostaje następnie zakwestionowany przez *picaro*.

Jacques the Fatalist posiada cechy charakterystyczne dla tego gatunku, ponieważ często trudno jest określić, który z dwóch centralnych bohaterów jest naprawdę panem (chociaż Jacques nigdy oficjalnie nie wznosi się ponad pozycję sługi, jak to często ma miejsce w przypadku bohaterów powieści picaresque). Motywy podróży i wędrówki oraz fakt, że Jacques nieustannie przechodzi od jednego pana do drugiego, są również typowe dla fikcji picaresque.

Fakt, że Jacques nazywany jest "fatalistą", nadaje jego postaci wymiar filozoficzny. Od pierwszych wersów rozwija fatalistyczny pogląd na egzystencję. "Jack powiedział, że kapitan zawsze powtarzał, że wszystko, co nam się przydarza na tej ziemi, dobre lub złe, jest zapisane powyżej". Twierdzi, że istnienie jest zdeterminowane przez los, i ilustruje to przykładami z własnego życia.

Twierdzi na przykład, że jego brak elokwencji wynika z przeznaczenia: "wyżej było napisane, że będę miał rzeczy w głowie, a słowa nie przyjdą do mnie". Powtarza tę doktrynę tak często, że nawet jego mistrz ją podchwytuje: "Ale pamiętaj o swojej doktrynie. Jeśli jest ona zapisana na górze, to niezależnie od tego, co zrobisz, zostaniesz powieszony, mój drogi przyjacielu. A jeśli nie jest zapisana wyżej, to koń jest kłamcą".

Jego pan

Mistrz Jacquesa jest postacią całkowicie anonimową, gdyż nigdy nie jest określany żadnym nazwiskiem czy tytułem. Określa go jego status społeczny, który jest znacznie wyższy niż Jacquesa: nosi miecz, który jest przywilejem szlachty, i otacza się dżentelmenami.

Jednak status ten może być kwestionowany, a nawet zagrożony, ponieważ status pana stopniowo spada. W szczególności naiwnie wierzył, że Agathe, młoda kobieta, o którą zabiegał, była czysta, co zmusiło go do opieki nad dzieckiem nieznajomej. Ponadto jest często wyśmiewany, na przykład gdy nie wierzy Jacquesa, kiedy mówi mu, jak bardzo boli go kontuzja kolana, a on spada z konia i rani kolano, zmuszając go do przyznania się, że się mylił. W związku z tym jego rozmiar i moce stopniowo zmniejszają się w miarę rozwoju historii.

Zachowanie pana wobec Jacques'a jest niekonsekwentne: bywa bardzo życzliwy, jak wtedy, gdy opiekuje się swoim lokajem, gdy ten jest ranny, i pociesza go, gdy dowiaduje się o śmierci kapitana, ale bywa też nadmiernie surowy lub wpada w gwałtowny gniew. Na przykład kłóci się z Jacques'em o kobietę, a przy innych okazjach maltretuje go i obraża.

Niezwykła relacja pan-sługa

Relacja między Jacquesem a jego panem jest niezwykła i ewoluuje w trakcie powieści. W ten sposób Diderot przekształca tradycyjną parę pan-sługa przedstawioną w *commedii dell'arte*, która była popularna w całej Europie w [XVI, XVII] i [XVIII] wieku.

W *Jacques'u Fataliście* pan jest zależny od swojego sługi i wydaje się być pozbawiony samodzielności, gdyż pozwala Jacques'owi podejmować decyzje i działać w jego imieniu: "bez swojego zegarka, bez swojej tabakierki i bez Jacquesa nie wiedział, co robić. Były to trzy filary jego życia". Ponadto fakt, że znaczna część tekstu ma formę dialogu między dwoma głównymi bohaterami, sprawia, że są oni nierozłączni i wzajemnie zależni.

W miarę rozwoju historii władza stopniowo przechodzi od Pana do Sługi. Wygląda więc na to, że zmieniają pozycje. Na początku powieści Jacques naturalnie kłania się naganie swojego pana, ale kiedy spotyka bandytów w gospodzie, to Jacques wykazuje odwagę, gdy jego pan drży ze strachu.

Wreszcie umowa o pojednaniu, którą podpisują po kłótni, stwierdza, że "Jacques prowadzi swojego pana". Odwracając relacje między tymi postaciami, Diderot kwestionuje zasady władzy rządzące społeczeństwem i opowiada się za wolnością i równością, które uważa za prawa naturalne.

GALERIA POSTACI DRUGOPLANOWYCH

Gousse i kapitan

W powieści pojawia się wiele pomniejszych postaci, w tym Kapitan Goose, Ojciec Hudson i dwóch pojedynkujących się. Diderot włożył wiele wysiłku w stworzenie oryginalnych i zapadających w pamięć postaci. Goose i Captain zachowują się inaczej niż większość ludzi. Goose wnosi przeciwko sobie pozew, ale kapitan musi dalej walczyć ze swoim bliskim przyjacielem.

Mme de La Pommeraye i Markiz des Arcis

Te drugorzędne postacie są bardzo ważne, ponieważ są bohaterami krótkiej historii osadzonej w głównej narracji. W powieści występuje szereg zagnieżdżonych narracji, z których najdłuższa jest ta dotycząca Mme de La Pommeraye i markiza des Arcis. W tej historii Mme de La Pommeraye reprezentuje zemstę kobiet, broniąc własnego honoru poprzez wystawienie markiza des Arcis na potępienie społeczeństwa.

ANALIZA

ZŁOŻONA STRUKTURA

Struktura *Jacquesa Fatalisty* jest zaskakująca, ponieważ jest niekonwencjonalna, rozczłonkowana i momentami niepokojąca.

Fragmentaryczna narracja

Narracja jest nieliniowa, ponieważ poszczególne epizody opowiadane są losowo w zależności od tego, kiedy narrator je pamięta lub kiedy odpowiednie myśli pojawiają się w jego głowie. "Jacques był wycofany i zamyślony, często przerywając ciszę okazjonalnymi słowami, które łączyły się w jego głowie, ale milczał tak, jakby przeskakiwał kilka stron i czytał książkę." Fabuła powieści i rozwój postaci nie są liniowe, wprowadzając więcej połączeń i dygresje w miarę rozwoju fabuły.

Struktura całości jest chaotyczna, anegdoty są często przerywane, co zwiększa napięcie, ale może też wywołać frustrację czytelnika. W szczególności opowieść o miłosnych perypetiach Jacquesa jest codziennie odkładana i nigdy nie zostaje zakończona, gdyż jego anegdoty są zawsze ucinane przez wydarzenia zewnętrzne (upadek z konia, nadejście armii, przejście konduktu pogrzebowego, epizody z karczmarzem itp.)

Ponadto, choć spodziewalibyśmy się, że narrator pozostanie zewnętrzny wobec historii, momentami wydaje się on bezpośrednio ingerować w uniwersum powieści, co jest bardzo niepokojące dla czytelnika: "Widzisz, Czytelniku, jak bardzo jestem zobowiązany. Gdybym miał na to ochotę, mógłbym ubijać konie ciągnące czarno obszyty powóz, mógłbym zgromadzić pod drzwiami najbliższej chaty Jacques'a, jego pana, akcyzowców lub konnych policjantów i resztę cortège".

Wreszcie, gdy różne historie zmieniają przeszłość w teraźniejszość, czas jest zniekształcony, a brak przejść między określonymi okresami czyni je nie do odróżnienia.

Narracje zagnieżdżone

W *Jacquesie Fataliście* cztery poziomy narracji są nieustannie zestawiane i w końcu się przenikają.

- **Relacja z podróży Jacquesa i jego mistrza,** która jest centralnym wątkiem narracyjnym powieści. Nadaje on powieści wewnętrzną spójność i stanowi punkt wyjścia dla wszystkich pozostałych historii, ale przy bliższym poznaniu można odnieść wrażenie, że jest to raczej pretekst niż prawdziwa fabuła. Czytelnik nie wie skąd bohaterowie pochodzą, ani dokąd zmierzają, jak długo są w drodze, ani nawet dlaczego podróżują. W trakcie podróży spotyka ich kilka drobnych nieszczęść, co sprawia, że sama fabuła jest stosunkowo mało znacząca.

- **Historia Jacques'a.** Na pierwszych stronach powieści Jacques zaczyna opowiadać historię swojego życia i bliskich. Jego pan zadaje mu pytania i zachęca go do dalszej rozmowy. Jego relacja nie oddaje dokładnie czasu, który obejmował (na kilku stronach opisuje pierwsze 12 lat swojego życia, ale jego pierwsze doświadczenie seksualne to ok. 20 lat), nie w porządku chronologicznym (mówi o swojej kontuzji kolana). Przeżywał kłótnię z ojcem, która miała miejsce dawno temu).

- **Różne anegdoty.** Powieść zawiera wiele innych historii opowiedzianych przez Jacquesa, jego mistrza lub jedną z drugoplanowych postaci (np. Jacgues opowiada o swoim kapitanie i przyjacielu brata, Angelu). Historia Madame de la Pommeraye, opowiedziana przez żonę karczmarza, wydaje się być najdłuższą i najważniejszą z tych historii: Jest sercem powieści, pełniącym funkcję swego rodzaju punktu kulminacyjnego, który zapewnia spójność każdej zagnieżdżonej narracji. Pojawia się także postać markiza Alcisa, który towarzyszy Jacquesowi i jego panu w ich odejściu następnego ranka. Bohaterowie dyskutują o działaniach Madame de la Pommeraie, a nawet narrator włącza się do dyskusji, broniąc krytyki, którą uważa za zbyt ostrą.

- **Interwencje autora-narratora.** Diderot interweniuje bezpośrednio w swoją powieść poprzez narratora. Jako autor zapewnia czytelnika, że wydarzenia opisane w powieści wydarzyły się naprawdę ("Nie powiedziałem ci, że rzuciła mu w twarz piękny diament, który podarował jej markiz, ale tak się stało, i mam to z najlepszym autorytetem") lub zwraca się do niego bezpośrednio ("Co to ma wspólnego z tobą?"), jako narrator opowiada historie drugorzędne, takie jak historia Gousse'a. Wreszcie przyjmuje też postawę filozofa, by wyrażać własne opinie, dyskutować o toczących się narracjach i wydawać sądy o innych dziełach literackich, takich jak *Doktor na przekór sobie* (1666) Moliera.

PRZEWRÓT FORMY POWIEŚCIOWEJ

W *Jacques'u Fataliście* Diderot zrywa z konwencjonalnymi strukturami narracyjnymi, podważa iluzje, jakie stwarzają powieści, i obnaża wewnętrzne funkcjonowanie swojego tekstu. Mamy wrażenie, że czytamy dzieło w toku, które obala i aktualizuje normy gatunku.

Od antypowieści do powieści współczesnej

Chociaż *Jacques Fatalista* wydaje się przyjmować formę powieści, stanowi on również jej krytykę, a jego narrator wielokrotnie stwierdza, że tekst "nie jest powieścią". Odrzuca gatunek, który uważa za sztuczny, i krytykuje to, co uważa za jego wady, aby odróżnić od niego swój własny tekst:

- Krytykuje on wszechwiedzę autorów, którzy niczym bogowie patrzą z góry na swoje dzieła i wiedzą wszystko o swoich bohaterach i fabule, gdyż jego zdaniem podważa to autentyczność powieści. W konsekwencji narrator *Jacquesa Fatalisty* odmawia odpowiedzi na pytania czytelnika, twierdzi, że nie wie zbyt wiele o swoich bohaterach i decyduje się na relacjonowanie tylko tych wydarzeń, których był bezpośrednim świadkiem. Autor-narrator wydaje się stawiać siebie na równi z czytelnikiem, gdyż obaj słuchają bohaterów i stopniowo odkrywają wydarzenia fabuły.

- Odrzuca tradycyjną w powieści strukturę fabularną serii zdarzeń prowadzących do jasnego zakończenia, ponieważ uważa je za sztuczne w porównaniu z przypadkowymi zdarzeniami i przyziemnymi epizodami, które składają się na codzienność. Cała powieść składa się raczej z często nie-istotnych anegdot.

- Odrzuca on ideę tradycyjnego bohatera powieściowego. Postaci Diderota nie mają psychologicznej głębi i wyraźnej tożsamości, a definiują je wyłącznie ich czyny. Kontrastuje to z popularnymi w czasach, w których pisał, powieściami psychologicznymi, których najbardziej znanym przykła-dem jest *La Princesse de Clèves* (1678) Madame de La Fayette (pisarka francuska, 1634-1693).

- Na nowo definiuje miejsce czytelnika, ponieważ czytelnik jego powieści nie jest już zdystansowany, ale włączony w historię. Pomiędzy czytelnikiem a autorem rozwija się swoisty dialog, wielokrotnie podważający oczekiwania czytelnika. "Możesz chcieć posłuchać Jacquesa i jego men-tora, ale oni mieli o wiele ciekawszą historię do opowie-dzenia, a ty prawdopodobnie zapomniałeś o tym mówić".

Jak widać, *Jacques Fatalista* łamie konwencje formy powie-ściowej, gdyż jego bohaterami są zwykli ludzie podejmujący prozaiczną podróż, co oznacza, że implicite krytykuje nad-zwyczajnych bohaterów i nieprawdopodobne wydarzenia w tradycyjnych powieściach.

Dzieło parodii

Jacques the Fatalist krytykuje wiele gatunków filmowych, parodiując je:

- **Powieść przygodowa.** Podczas gdy jego bohaterowie wyru-szają w typowe dla gatunku podróże, Diderot unika i wyśmiewa inne jego cechy. Mistrz jest nieśmiały i wyobco-wany, gdy spotyka bandytów w gospodzie, mnisi eskortujący procesję pogrzebową to tak naprawdę przebrani przestępcy, a wojsko mija dwóch podróżników, nie atakując ich. "Uwierzyłbyś, że ta mała armia napadnie na Jacquesa i jego pana i zostanie zastrzelona krwawymi bitwami, pałkami i pistoletami. Mógłbym sprawić, by te wszystkie rzeczy się wydarzyły, gdybym chciał, ale to Ty będziesz z dala od prawdy …historii. Diderot ryzykuje rozczarowanie czytelnika, wprowadzając pewne elementy powieści przygodowej, by później je odrzucić. W szczególności odrzuca stereotypy gatunku i powtarzające się motywy, takie jak przerośnięci bohaterowie, honor i walka.

- **Powieść romansowa.** Temat miłości jest obecny w całej narracji ze względu na historię Jacquesa. Diderot odrzuca jednak wyidealizowane postaci, wyrafinowane uczucia i sztuczny styl, które charakteryzowały popularne powieści z początku XVII wieku, preferując w zamian podejście lepiej odzwierciedlające prawdziwe życie: Jacques stracił dziewictwo przed laty, jego pan zostaje oszukany przez Agathe, a markiz des Arcis zakochuje się w prostytutce. Co najważniejsze, Diderot podważa ideał wiecznej miłości głoszony przez konwencjonalne historie miłosne i dąży do przedstawienia niestałości miłości: markiz jest niewierny pani de La Pommeraye; Jacques przechodzi od Marguerite do Suzanne, a nawet myli ich imiona; Justine jest związana jednocześnie z Jacques'em i jego przyjacielem Bigre'em; itd.

Powieść filozoficzna

Jacques Fatalista ma większą głębię niż wiele powieści, ponieważ zawiera również obszerną filozoficzną refleksję na temat fatalizmu. Termin ten wywodzi się od łacińskiego słowa *fatum*, oznaczającego "przeznaczenie", a doktryna ta głosi, że wszystkie wydarzenia są z góry określone i w konsekwencji nie można na nie wpływać za pomocą przypadku czy wolnej woli.

Ciągłe odniesienia Jacquesa do tego, co "zapisane na górze", czynią go rzecznikiem tej doktryny w powieści. Wpływ na niego miał jego Kapitan, który z kolei czerpał inspirację z holenderskiego filozofa Barucha Spinozy (1632-1677). Jacques wierzy, że wszystkim rządzi wyższa siła, na którą człowiek nie ma wpływu, i wykazuje się pewną mądrością, ponieważ akceptuje fakty z życia, nie próbując się buntować.

Jednak Jacques nie zawsze przestrzega kazania, ponieważ czasami wykorzystuje własną wolną wolę, aby podjąć agresywne kroki, aby się chronić. Na przykład zbuntował się, gdy próbował pokonać swojego pana i zabrał klucz do pokoju rabusiów, aby uniemożliwić im złapanie go.

Jacques zastanawia się nad odpowiedzialnością jednostek: "Czy to my kontrolujemy Przeznaczenie, czy Przeznaczenie, które kontroluje nas?". W rzeczywistości jego system przekonań bliższy jest determinizmowi niż fatalizmowi. Zgodnie z determinizmem, wydarzenia są spowodowane łańcuchem przyczyn i skutków, co oznacza, że możliwa jest zmiana skutku poprzez modyfikację przyczyny. Historia życia Jacquesa opiera się na tym łańcuchu przyczyn i skutków, co daje do zrozumienia, gdy mówi "Gdyby nie ten strzał, na przykład, nie sądzę, że kiedykolwiek bym się zakochał".

METATEKSTUALNOŚĆ

Metatekstualność jest złożonym aspektem literatury, ponieważ pozwala narracji na refleksję zarówno nad samą sobą (na przykład poprzez omówienie mechanizmów leżących u podstaw jej powstania), jak i nad literaturą w ogóle. Metatekstowość *Jacquesa Fatalisty* jest uderzająca, a powieść stanowi wyraźny przykład metalepsis, zgodnie z definicją francuskiego krytyka i teoretyka literatury Gérarda Genette'a (1930-2018).

Metalepsis zrywa pakt zawarty między autorem a czytelnikiem, stanowi przekroczenie różnych poziomów narracji. W przypadku *Jacques'a Fatalisty* autor ingeruje w narrację, co oznacza, że narrator powieści może być bardziej precyzyjnie opisany jako autor-narrator. Przerywając narrację, autor-narrator zwraca uwagę czytelnika na mechanizmy użyte do jej skonstruowania:

> *"Jeśli nalegasz, powiem ci, że skierowali się w stronę... tak, dlaczego nie?... w stronę ogromnego zamku, na którego fasadzie wypisane były słowa: 'Należę do nikogo i należę do wszystkich. Byłeś tu przed wejściem i będziesz tu nadal po wyjściu'. – Czy weszli do tego zamku? Nie, bo albo napis był kłamstwem, albo po wyjściu nadal tam byli. [...] [Czytelnik może powiedzieć, że] bawię się i że ponieważ nie wiem już, co zrobić z moimi dwoma podróżnikami, rzucam się na alegorię, która jest zwykłym środkiem odwoławczym jałowych umysłów".*

Ten fragment jest szczególnie jaskrawym przykładem metalepsis i jej implikacji, demonstrując wszechmoc autora w potwierdzaniu i zaprzeczaniu wydarzeniom, które mogą, ale nie muszą, przydarzyć się którejkolwiek z jego postaci. Czytelnicy byli początkowo przekonani, że bohaterowie wejdą do rozległego, tajemniczego zamku, ale ich nadzieje zostały rozwiane i odmówiono im dostępu do tego fikcyjnego, fantastycznego świata. W ten sposób autor pokazuje czytelnikowi, że ma pełną władzę nad wydarzeniami i postaciami w powieści.

Fragment ten stanowi refleksję nie tylko nad władzą autora, ale także nad literaturą XVIII wieku w ogóle, Diderot wprowadza bowiem wymiar krytyczny, odnosząc się do alegorii, którą określa jako "zwykłą ucieczkę jałowych umysłów". W ten sposób wyklucza on alegorię ze swojej osobistej definicji dobrej literatury, co odzwierciedla jego przekonanie, że nie pasuje ona do racjonalizmu głoszonego przez myślicieli oświeceniowych. W sumie więc Diderot wykorzystuje metatekstowość w *Jacques'u Fataliście* do dyskusji o literaturze i dekonstrukcji mechanizmów konwencjonalnych powieści.

DIALOG W PISARSTWIE DIDEROTA

Jacques Fatalista nieustannie kwestionuje konwencje powieści, używając na przykład dialogów, aby przesuwać granice gatunku. W rzeczywistości większość tekstu składa się z dialogów, co nadaje mu pewną teatralność. Efekt ten wzmacnia fakt, że dialog jest napisany w typowym dla spektaklu stylu, a każdą wypowiedź poprzedza nazwisko osoby, która ją wypowiedziała. Jednak powód, dla którego Diderot posłużył się dialogiem, jest mniej oczywisty, niż się wydaje, i być może miał na niego wpływ nie tylko teatr, ale także Salon (spotkanie modnych pisarzy i artystów w domach wpływowych osobistości).

Powstanie salonów doprowadziło do pojawienia się konwersacji jako formy sztuki. W XVIII wieku jednym z najbardziej znanych salonów we Francji był salon Madame Geoffrin (francuska właścicielka salonów, 1699-1777), w którym bywali między innymi Diderot, Voltaire (francuski pisarz i filozof, 1694-1778) i d'Alembert. Rozmowy w tych salonach dotyczyły zarówno tematów literackich, jak i filozoficznych, a obok czytania poezji goście dyskutowali o osiągnięciach naukowych Oświecenia, takich jak prace znanego chemika Antoine'a Lavoisiera (1743-1794).

Rzeczywiście, dialog w *Jacques'u Fataliście* przypomina niekiedy sztukę konwersacji, jaką uprawiano w salonach literackich:

> "MISTRZ: […] Ale przeczucia, które najtrudniej obalić, to te, które przychodzą do człowieka w momencie, gdy jakieś wydarzenie ma miejsce daleko od niego i które wydają się symboliczne.
>
> JACQUES: Czasami jesteś tak głęboki i wzniosły, że cię nie rozumiem. Czy nie mógłbyś mnie oświecić jakimś przykładem?".

W **rozmowie w salonie** język był **wysublimowany,** ale w tym przykładzie styl jest przesadzony, a do **opisania** mówcy użyto **wysublimowanych** przymiotników **("wzniosły", "głęboki").,** co sugeruje, że Diderot **faktycznie prowadził** te dyskusje.

Wydaje się, że potwierdza to pozycja Diderota w najbardziej prestiżowych salonach literackich Francji: mimo że był zapraszany, jego nierespektowanie konwencji było często źle widziane. W powyższym fragmencie mechanizmy i kody rządzące rozmowami w salonach są brutalnie obnażone i ośmieszone przez przesadę.

Dwa główne dialogi w *Jacques'u Fataliście* to dialog między dwoma bohaterami (Jacques'em i jego mistrzem) oraz dialog między autorem-narratorem a czytelnikiem, w którym

Diderot zwraca się bezpośrednio do czytelnika i zwraca uwagę na mechanizmy powieści. Tradycyjne powieści są zazwyczaj linearne, a rola narratora polega na posuwaniu się naprzód fabuły; natomiast narrator *Jacquesa Fatalisty* spowalnia narrację i zakłóca jej linearność.

Elementy te rodzą pytanie, czy *Jacques Fatalista* może być w ogóle uznany za powieść. Jest to utwór nieustannie zmieniający się, łączący kilka gatunków: teatr (poprzez użycie dialogu), baśnie w tradycji Ezopa (grecki bajkopisarz, VII-VI w. p.n.e.), opowiadania (w szczególności opowiadanie Mme de La Pommeraye) i opowieści filozoficzne. Liczne interkalacje narracji i interwencje narratora sprawiają, że tekst nie jest linearny, a zastosowanie zagnieżdżonych opowieści powoduje znaczną fragmentaryzację. Te elementy, w połączeniu z parodią stosowaną przez Diderota w całym tekście, sprawiają, że jego dzieło stanowi wyzwanie i podważa konwencje tradycyjnej powieści.

DALSZA REFLEKSJA

KILKA PYTAŃ DO PRZEMYŚLENIA...

- Skomentuj pełny tytuł utworu (*Jacques the Fatalist and His Master*). Twoim zdaniem, dlaczego nigdy nie zdradza się nam imienia mistrza?

- W jaki sposób powieść eksploruje pojęcie wolności?

- Jaka jest rola mowy w tym tekście?

- Czy *Jacquesa Fatalistę* rzeczywiście można określić mianem powieści? Uzasadnij swoją odpowiedź.

- Jak Diderot przedstawia w tej książce Kościół?

- Przeanalizuj strukturę narracyjną opowieści o Mme de La Pommeraye. W jakich aspektach różni się ona od reszty powieści?

- Porównaj parę pan-sługa w *Dom Juanie* (1665) Moliera i *Jacquesa Fatalisty*.

- Porównaj i skontrastuj osobiste przekonania Diderota z fatalizmem Jacquesa.

- Jaką rolę w tekście odgrywają interwencje narratora? Jaki ma to wpływ na narrację jako całość?

- W niektórych dygresjach narrator snuje refleksje na temat literatury w ogóle. Rozpoznaj i skomentuj niektóre z tych dygresji.

PRZECZYTAJ TAKŻE

WYDANIE REFERENCYJNE

Diderot, D. (2006) *Jacques the Fatalist*. Trans. Henry, M. London: Penguin.

ADAPTACJE

Les Dames du Bois de Boulogne. (1964) [Film]. Robert Bresson. Dir. Francja: Les Films Raoul Ploquin.

Jacques le Fataliste et Son Maître. (1984) [film TV]. Claude Santelli. Dir. Francja.

Jacques the Fatalist and His Master. (1993) [Film]. Antoine Douchet. Dir. France.

Chcemy usłyszeć od Ciebie, co się dzieje!
Zostaw komentarz na temat swojej internetowej biblioteki
i podziel się swoimi ulubionymi książkami w mediach społecznościowych!

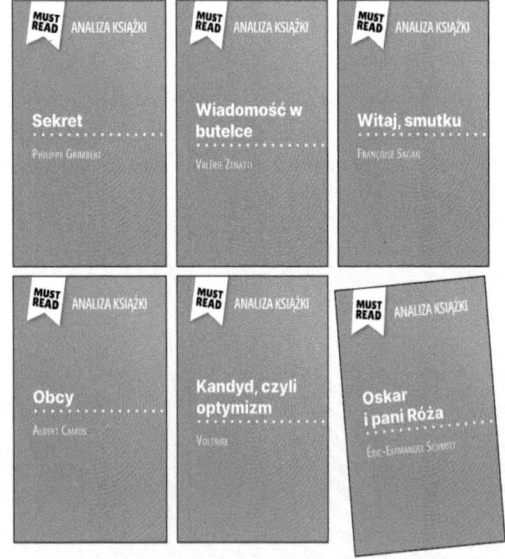

Wydawca zapewnia o wiarygodności publikowanych informacji, co jednak nie może wiązać się z jego odpowiedzialnością.

www.50minutes.com

Master ISBN: 9782808694155
Papierowy ISBN: 9782808615556
Depozyt prawny: D/2023/12603/1835

Verhaal: © Primento

Projekt cyfrowy: Primento, cyfrowy partner wydawców.

Lo straordinario viaggio del fachiro rimasto intrappolato in un armadio Ikea

Romain Puértolas

ANALISI DEL LIBRO

Scritto da Kelly Carrein
Tradotto da Sara Rossi

Lo straordinario viaggio del fachiro rimasto intrappolato in un armadio Ikea

ROMAIN PUÉRTOLAS